Wegweisender Jesus

Rudolf Gerber

Herstellung: Books on Demand GmbH
ISBN 3-8311-2840-5

Gleichnisse Jesu

Rudolf Gerber

Gleichnisse Jesu

Wegweisender Jesus

Jesu Leiden und Auferstehn 39

Gleichnisse Jesu (In Reimen dazu)

Nach Schierse aufgestellt, (1968)

"Jesu Gleichnisse" im Reim.

Durch Jeremias erhellt, (1970)

Als Erklärung zu finden sein.

Vom Sämann (Mt 13,1-9; Mk 4,1-9; Lk 8,4-8)

'Ein Sämann den Samen sät,

Am Morgen in derFrüh.

Nicht alles ihm gerät,

Bedenke und sieh'.

'Einige Körner in den Weg gestreut,

Andere auf felsigen Boden fiel.

Die Vögel alle sehr erfreut,

Pickten auf, wie im Spiel.

'Was auf dem Steine lag,

Keine Wurzel bekam sofort.

Verwelkte wie das Grab,

Von der Sonne ward verdorrt.

'Die unter Dornen lagen,

Von ihnen bald erstickt.

Nie Früchte konnten tragen,

Kein Leben je erblickt.

'Doch was in gute Erde kam,

Wuchs und rankt empor.

Bracht Früchte tausendmal,

Große Ernte ward' gebor'.

'So geschieht's mit jedem Wort,

Das gern hast ausgestreut.

Es lebet dann nur fort,

Wenn aufgenommen heut.

Vom Senfkorn (Mt 13,31-32; Mk 4,30-32; Lk 13,18-19)

Gottes Reich einem Senfkorn gleicht,
Was ausgesät auf Erde fällt.
Als Baum zum Himmel reicht,
Zweige treibt und Vögel hält.

Darin in Nestern nisten,
Viel Schatten spenden kann.
Auch andere Tiere fristen,
Drin' wohnen können dann.

Das kleinste wohl der Samen,
Doch fällt auf gutes Land.
Sich alle im Wipfel laben,
Von ihnen sehr bekannt.

So nimm hin Gottes Reich,
Schon in dir eingepflanzt.
Daß nimmer von dir weich,
Behüte sooft du kannst.

Vom Sauerteig (Mt 13,33; Lk 13,20 f)

Gottes Reich gleicht einem Sauerteig,
Den eine Frau in den Topf gelegt.
Mischt Mehl hinein, durchsäuert gleich,
Bis gänzlich es durchgeht.

Von den bösen Winzern (Mt 21,33-46; Mk 12,1-12; Lk 20,9-19)

Einen Weinberg pflanzte jemand,
Legt ringsum einen Zaun.
Den Keltertrog erstand,
Ließ einen Turm gar baun.

Den Winzern dann verpachte,
Auf Reisen war unterwegs.
Seine Knechte sodann sandte,
Zu sammeln die Früchte stets.

Doch diese, die Knechte schlugen,
Kehrten leer zum Herrn zurück.
Schimpf und Schande sie ertrugen,
Gewürdigt keinen Blick.

Dem eignen Sohn aufgetragen,
Ihn wohl zu achten sehr.
Aus dem Weinberg diesen jagen,
Zu Tod' erschlagen ohn' Wehr.

Der Weinberg ward genommen,
Den Winzern allemal.
Fremde haben ihn bekommen,
Hat er denn andre Wahl?

Vom Feigenbaum (Mt 24,32-33; Mk 13,28-29; Lk 21,29-31)

Vom Feigenbaum ein Gleichnis,
Ganz einfach zu erschaun.
An seinem alltäglich Ereignis,
Woran wir uns erbaun.

Wenn saftig werden Zweige,
Blätter treiben hervor.
Nach einer kleinen Weile,
Als wären sie neu gebor'.

So gehts mit Gottes Reich,
Im Herzen muß gedeihn.
Dann erfüllet sich sogleich,
Ewig Leben gar verleihn.

Vom verlorenen Schaf (Mt 18,10-14; Lk 15, 1-7; ThEv Nr. 107)

Ein Mann hundert Schafe hatte,
Eins davon verloren ging.
Alle voll Liebe bewahrte,
Zu suchen dieses anfing.

Ließ zurück die neunundneunzig,
Nur diesem sich zugewandt.
Überaus glücklich freut sich,
Als er es wieder fand.

Auf seine Schultern nahm,
Trägt froh es mit nach Haus.
Alle Freunde mit Anteil sahn,
Das Gleichnis ist nicht aus.

Denn der Geringste selbst,
In Gottes Hände liegt.
Ihn ständig noch erhält,
Ewig von ihm geliebt.

Vom großen Gastmahl (Mt 22,1-14; Lk 14,15-24; ThEv Nr.64)

Ein Mann ladet Gäste,
Bereit' ein großes Mahl.
Sandte aus seine Knechte,
Zu kommen in den Saal.

Der erste sich entschuldigt,
Einen Acker hab' gekauft.
Der andre Joch Ochsen huldigt,
Nicht kommen ihm erlaubt.

Der nächste sagt betroffen,
Hab' eine Frau gefreit.
Kannst nicht auf mich hoffen,
Es tut mir herzlich leid.

Zur Hochzeit ward gerufen,
Niemand findet Zeit.
Sünder und Arme suchen,
Für diese steht alles bereit.

Zwar viele sind gerufen,
Doch wenige auserwählt.
Etliche anderes suchen,
Für solche dann zu spät.

Vom treuen und schlechten Knecht (Mt 24,45-51; Lk 12,41-46)

Selig jener Knecht,
Allzeit zum Tun bereit.
Ihm alle Güter läßt,
Getan zur rechten Zeit.

Doch welcher nicht erwartet,
Daß kommen wird er Herr.
Seinen Auftrag gar verachtet,
Berauscht als sei er wer.

Von zehn Jungfrauen (Mt 25,1-13; Mk 13,35 f.;Lk, 13,25-27)

Das Himmelreich gleicht Jungfrauen,
Leuchtend Lampen nahmen.
Fünf kluge dem Bräutigam vertrauen,
Fünf töricht, ohne Öl hinkamen.

Als endlich der Bräutigam erschien,
Die Klugen ihm gingen entgegen.
Zu leuchten wollten ihm,
Die andren nicht konnten sehen.

Gibt uns von eurem Öl,
Daß helles Licht wir tragen.
Das kann nicht geschehn,
Nur eignes kann man haben.

Zu spät sind angekommen,
Rufen: Herr mach uns auf.
Die Hochzeit hat begonnen,
Für sie war feiern aus.

Von den Talenten (Mt 25,14-40; Lk 19,11-27)

Ein Mann hochwohlgeboren,
Zog in ein fernes Land.
Zu empfangen auserkoren,
Seinen Knechten gab zum Pfand.

Dem ersten fünf Talente gab,
Anderem deren zwei'n.
Einem jedem nach seiner Art,
Dem letzten nur noch ein.

Treibt Handel damit, sagt,
Zur Abrechnung kam zurück.
Einen jeden danach fragt,
Wie reichlich war sein Glück.

Der mit den fünf Talenten,
Hat doppelt hinzugewonnen.
Deshalb ihm viel zu schenken,
Noch ewig Leben bekommen.

Der zwei Talente bekam,
Zweifach ward ihm gegeben.
Voll Glück es zu sich nahm,
Dazu noch ew'ges Leben.

Der ein Talent erhielt,
Verbarg es in der Erd.
Dazu garnichts geriet,
Ihm folgendes beschert.

Diesem wird genommen,
Sein einziges Geschenk.
Das zwar er hat bekommen,
Ihren Wert aber nicht bedenk'.

Vom wachsamen Hausherr (Mt 24,43 f; Lk 12,39 f; ThEv 21b)

Wenn der Herr des Hauses wüßt,
Zu welcher Stund der Dieb,
Nicht ständig wachen müßt,
Auf daß ihm nichts geschieht.

So seid auch ihr bereit,
Denn niemand kennt die Stund.
Noch zu welcher Zeit,
Sei allen Menschen kund.

Vom Weltgericht (Mt 25,31-46)

Wenn kommt der Menschensohn,
In seiner Herrlichkeit.
Sitzend auf ew'gem Thron,
Zu richten alle Zeit.

Die Gutes haben getan,
Versammelt zu seiner Rechten.
Die Böses fingen an,
Geschieht es nicht zum Besten.

Kommt her wird er sagen:
Von meinem Vater Segen.
Sollt in Besitz nun haben,
Ihn immer habt gesehen.

Wann dieses war geschehen?
Werdet ihr dann fragen.
Wo haben wir dich gesehen,
An allen Erdentagen?

Die Antwort wird dann sein,
Was ihr dem Geringsten getan.
Darauf laßt immer euch ein,
An mir dann habt getan.

Vom barmherzigen Samariter (Mt 22,35-40; Mk 12,28-31; Lk 10,25-37)

'Ein Mann ging von Jerusamlem,
Nach Jericho hinab.
Der Weg, steinig unbequem,
Ihm folgendes begab.

'Von Räubern wurd' überfallen,
Ausraubten, schlugen halbtot.
Ein Priester ihn hörte lallen,
Nicht beachtet seine Not.

'Ein Levit kam gegangen,
Ihn darniederliegen sah.
Ohn Mitleid ging von dannen,
Vorüber ging fürwahr.

'Ein Samariter hat ihn gefunden,
Den Verwundeten nahm gewahr.
Goß Öl und Wein in Wunden,
Wusch und verband sogar.

'Hob ihn auf sein Reittier,
Zur Herberge hat gebracht.
Bezahlte dem Wirt dafür,
Bis gesund wieder ward.

'So handle stets auch du,
Wenn erkennst große Not.
Handle hilfreich immerzu,
Das sei dein größt Gebot.

Vom Hausbau (Mt 7,24-27; Lk 6,47-49)

Wer meinem Wort' vertraut,
Gleicht einem klugen Mann.
Sein Haus auf Felsen baut,
Noch Glück dazu gewann.

Als kam ein starker Regen,
Und Sturm umbraust das Haus.
Standhaft blieb es stehen,
Weder Chaos noch Garaus.

Wer aber baut auf Sand,
Vom Strom wird weggespült.
Hält keinem Sturme stand,
Über garnichts mehr verfügt.

Vom Unkraut unter Weizen (Mt 13,24-30)

Das Himmelreich,
Einem Menschen gleich.
Der guten Samen sät,
Bis abends in der spät.

Doch in der Nacht,
Der Feind erwacht.
Unkraut ausstreut,
Ihn jemals gereut.

Die Saat geht auf,
Das Unkraut auch.
Bracht gute Frucht,
Vom Lolch verflucht.

Die Knecht' zum Hausherrn sagen,
Nur guten Samen hast gesät.
Woher die Lolche kamen?
Die werden nun ausgejät.

Ihnen aber schon entgegnet,
Laßt beides wachsen zur Ernt.
Dann erst Hand anleget,
Und Unkraut nun entfernt.

Denn wenn die Frucht gestört,

In ihrem frühen Stand.

Gutes Wachsen aufhört,

Die volle Frucht verbannt.

Zur Ernte aber bindet,

Das Unkraut in Bündel fest.

Verbrennung dann stattfindet,

Das wohl am allerbest.

Den Weizen erst sammelt,

Sodann in meine Scheun.

Zur Ernte so gelanget,

Als Nahrung für alle zu sein.

Vom Schatz (Mt 13,44; ThEv 109)

Das Himmelreich,

Einem Schatze gleich.

Im Acker verborgen,

Gefunden am Morgen.

Das Himmelreich,

Einem Kaufmann gleich.

Gute Perlen sucht,

Die Kostbarste verbucht.

Vom bittenden Freund (Lk 11,5-8)

Jemand hatte einen Freund,
Ging hin um Mitternacht.
War keineswegs erfreut
Damit er ihm aufmacht.

Dann gab zur Antwort,
Nicht aufstehen kann.
Mach' dich rasch fort,
Zu Bett bin schon gegang'.

Doch aufdringlich er bleibt,
An der Türe klopfet fest.
Sein Bitten doch erreicht,
Erhörung finden läßt.

Vom unfruchtbaren Feigenbaum (Lk 13,6-9)

Ein Mann hat' einen Feigenbaum,
In seinen Weinberg gepflanzt.
Drei Jahre trug er Früchte kaum,
Deshalb ihn abholzen kannst.

Laß' ihm noch dieses Jahr,
Dünge, grab um ihn herum.
Erst dann wirst du gewahr,
Was man soll machen nun.

Bringt dann er keine Frucht,
Nicht tragen etwas mag.
Den Boden auslaugen tut,
So hau ihn endlich ab.

Vom rechten Platz (Lk 14,7-11)

Wenn jemand zur Hochzeit geladen,
Setz sich nicht oben an.
Dem Vornehmern wird man sagen,
Du hast den ersten Rang.

So müßt vom Platze weichen,
Der andre dir vorgezogen.
Einen unteren Platz erreichen,
Für dich wär's nicht gewogen.

Setz' dich deshalb unten an,
Man wird damit betonen.
Rücke weiter oben an,
Zu ehren dich und loben.

Denn wer sich selbst erhöht,
Der wird erniedrigt werden.
Wem größeres zusteht,
Wird zusätzlich noch erben.

Vom verlorenen Sohn (Lk 15,11-32)

Ein Mann sich zweier Söhne freut,
Der jüngere zum Vater sagt:
Gib mir mein Anteil heut,
Was mir doch zugestand.

Der Sohn das Seinige packte,
Zog fort in fernes Land.
In zügelloses Leben versackte,
Verschleudert Vermögen wie Tand.

Groß Hungersnot dann kam,
Selbst keine Arbeit fand.
Zum Schweinehüten dann,
Für ihn wie große Schand.

Den Hunger er nicht stillt,
Von Schoten für die Schweine.
Dazu nie war gewillt,
Sein trostlos Leben beweine.

Erinnert sich an daheim,
Wie viele Tagelöhner.
Beim Vater können sein,
Brot und Wein erhielt ein jeder.

Zum Vater will ich gehn,
Sogleich möcht sein zu Haus.
Meine Fehler eingestehn,
Als Tagelöhner arbeiten drauß.

Nicht wert zu sein sein Sohn,
In seinem Herzen weiß.
Erhalten keinen Lohn,
Nur Arbeit und viel Schweiß.

Von weitem sah den Vater,
Der ihm entgegen kam.
Voll Mitleid und Jammer,
Den Sohn um den Hals nahm.

Vater habe schwer gesündigt,
Gegen Himmel und vor dir.
Nicht Sohn kann sein zukünftig,
Schäme mich sehr vor mir.

Der Vater ruft die Knechte,
Bringt Schuhe und Gewand.
Und einen Ring zum Feste,
Meinen Sohn nun wieder fand.

Bin froh und glücklich geboren,
Singet und bereitet ein Fest.
Mein Sohn war doch verloren,
Erhalten soll das best.

Der ältere Sohn zu Felde,
Als er nach Hause kam.
Den Vater zur Rede stellte,
Wie er sich so benahm?

Hab' bisher kein Fest erhalten,
Gearbeitet Tag und Nacht.
Mußt ständig alles verwalten,
Hab nie was durchgebracht.

So: Ohne Vater und Heimat,
Alles letztlich verloren geht.
Keine Hoffnung hast noch Rat,
Trostlos und Elend besteht.

Dein Bruder ist heimgekommen,
Verloren ging er nicht.
Alles ward ihm genommen,
Sieh es in diesem Licht.

Vom schlauen Verwalter (Lk 16,1-8)

Ein Reicher einen Verwalter hatte,
Sein groß' Vermögen verschwendet.
Deshalb ihm gar nicht mehr gestatte,
Bis daß es war gepfändet.

Zur Beschämung sei gesagt,
Mein Herr nimmt weg mein Amt.
Er unaufhörlich klagt,
Folgende Lösung endlich fand.

Der erste hundert Ölmaß schuldet,
Sagt zu ihm schreibe fünfzig.
Dem zweiten hundert Sack Weizen duldet,
Für dich sind achtzig günstig.

Der Herr nun den Verwalter lobt,
Denn die Kinder dieser Welt.
Selbst sei's geklagt bei Gott,
Können umgehn mit dem Geld.

Vom reichen Mann und armen Lazarus (Lk 16,19-31)

Es war einmal ein reicher Mann,
Gekleidet in Purpur und Seiden.
Lebte in Freuden alle Tage dann,
Mit den Großen und den Seinen.

Ein Armer lag vor seiner Tür,
Lazarus war sein Namen.
Übersät von gräßlichem Geschwür,
Zu essen ihm nichts gaben.

Nur was vom vollen Tische fiel,
Für Hunde ward gedacht.
Danach sich ängstlich bücken will,
Ihn niemals satt gemacht.

Als der Arme elend starb,
Von Engeln wurd' getragen.
In Abrahams Schoß sich barg,
Auch der Reiche ward' begraben.

In der Unterwelt voll Schrecken,
Ein qualvoll traurig Los.
Ganz oben konnt entdecken,
Lazarus in Abrahams Schoß.

Vater Abraham, hab' Erbarmen,

Schick' den Lazarus zu mir.

Einen Wassertropfen dem Armen,

Die Zunge zu kühlen hier.

Bedenke, Abraham sagt,

Hast Gutes empfangen im Leben.

Ständig Glück dazu gehabt,

Lazarus ward Elend gegeben.

Zudem besteht ein Abgrund,

Der nicht zu überbrücken.

Deshalb auch keine Kund',

Dich je kann mehr beglücken.

Der Reiche sagt, o Vater,

Fünf Brüder sind zu Haus.

Sei diesen doch Berater,

Das Schicksal treffen auch.

Abrahams Antwort beginn,

Hören nicht auf Moses, Propheten.

Dann hat es keinen Sinn,

Einen zu senden von Abgelebten.

Vom unnützen Knecht (Lk 17,7-10)

Wer einen Knecht besitzt,
Der pflügt, das Vieh weidet.
Mit ihm zu Tische ißt,
Statt Essen zubereitet.

Wenn der Herr gegessen,
Der Knecht ihn hat bedient.
Sich dann erst hingesessen,
Kein Dank hat er verdient.

So seid auch ihr nur Knechte,
Treu tun, was befohlen war.
Nur haben keine Rechte,
Zu tun für schuldig gar.

Vom Pharisäer und Zöllner (Lk 18,9-14)

'Zwei Männer in den Tempel kamen,
Der eine ein Pharisäer war.
Der andre ein Zöllner gar,
Beide priesen Gott mit Namen.
'Der erste stellt sich hin,
Sprach leise dies' Gebet:
Hab Dank, daß ich nicht bin,
Wie dieser Zöllner lebt.
'Zweimal in der Woche faste,
Geb' den Zehnten, was ich hab.
Trage alle Lebenslaste,
Bis hin zum kühlen Grab.
'Der Zöllner ganz von ferne stand,
Mag kaum die Augen erheben.
An seine Brust gar schlag,
Gott sei mir gnädig im Leben.
'Sein Gebet wurde erhört,
Ging gerechtfertigt nach Haus.
Dem Pharisäer aber verwehrt,
Weil nur selbstgerecht daraus.
'Denn wer erhöht sich selbst,
Der wird erniedrigt werdon.
Wer sich für niedrig hält,
Erhörung wird er erben.

Gleichnis

Wenn Gleichnis hast vernommen,

Ein Stück des Lebens beschreit.

Zu Herzen hast genommen,

Ewiges steht für dich bereit.

Wegweisender Jesus

Vom Beten (Mt 6,5-15; Mk 11,25 f; Lk 11,2-4)

'Wenn ihr redlich betet,

Stellt euch nicht zur Schau.

In die Stille gehet,

Gott versteht genau.

'Nicht mit vielen Worten,

Mit dem Herzen rein.

Gelangst zu heilig Orten,

Gott kommt zu dir hinein.

'Ein Gebet wird gegeben,

Danach euch alle richt'.

Euer Innerstes laßt bewegen,

Erlebt's aus Jesu Sicht:

'Unser Vater, da droben,

Sein Name geheiligt werd.'

Deinen Willen wir loben,

Im Himmel und auf Erd'.

'Gib uns täglich Brot,

Das wir nötig haben.

Helf' aus aller Not,

Laß gütig uns ertragen.

'Aus der Versuchung führe,

Erlös' von allem Bösen.

Nur Gutes uns berühre,

Sei unser Gebet gewesen.

Von der Vergeltung (Mt 5,38-42; Lk 6,29-30)

Nicht Aug um Auge, Zahn um Zahn,
Zu rechtem Handeln taugen.
Führen doch zum leeren Wahn,
Das gute Tun auslaugen.

Von der Feindesliebe (Mt 5,43-48; Lk 6,27-28.36)

Liebet eure Feinde,
Tut Gutes die euch hassen.
Alles Übel du vermeide,
Erbarm dich, sei gelassen.

Ihr seid des Vaters Söhne,
Der, Sonne und den Regen,
Selbst über Gut und Böse,
Einem jeden hat gegeben.

Vom Almosen (Mt 6,1-4)

Stellt Gutes nicht zur Schau,
Sonst erhaltet keinen Lohn.
Nur dann vor Gott erbau,
Im Herzen gib es schon.

Deine linke soll nicht wissen,
Was deine rechte tut.
Das Almosen gern missen,
Dann ist's vor Gott stets gut.

Von der Seligpreisung (Mt 5,3-11; Lk 6,20-26)

Selig die arm sind vor Gott,
Himmelreich ihnen wird geschenkt.
Die trauern durch den Tod,
Tröstend werden gelenkt.

Selig die ohne Gewalt,
Werden erben das Land.
Hunger und Durst entfallt,
Das Recht ihnen zugestand.

Selig die barmherzig sind,
Erbarmen werden bekommen.
Voll Vertrauen wie ein Kind,
Gehören zu den Frommen.

Selig die Frieden gewollt,
Gottes Söhne werden genannt.
Die um Gerechtigkeit verfolgt,
Einst Himmelreich erlangt.

Vom Salz der Erde (Mt 5,13; Mk 9,49-50; Lk 14,34-35)

Ihr seid das Salz der Erde,
Wenn Würze es verliert.
Verkümmern alle Werte,
Zu garnichts nütze führt.

Vom Licht der Welt (Mt 5,14-16; Mk 4,21; Lk 8,16)

Wenn aufgestellt ein Licht,
Verborgen nimmer bleibt.
Verbreitet helle Sicht,
Den Weg zu geh'n aufzeigt.

Wird's aber tief verborgen,
Kein Schimmer dringt hinaus.
Nur Unglück und viel Sorgen,
Dunkel wird und Garaus.

Vom Gesetz und seine Erfüllung (Mt 5,17-20; Lk 16,16-17)

Gesetze sind nicht aufzulösen,
Sondern letztlich zu erfüllen.
Dann trifft man erst das Wesen,
Gottes Reich wird sich enthüllen.

Noch mehr muß daher sein,
Wie nur vom Gesetz verlangt.
In den Himmel kommt hinein,
Wenn mit Herz du es bekannt.

Vom fünften Gebot (Mt 5,21-26; Lk 12,57-59)

Gehört habt von den Alten,

Morden sollst du nie.

So aber sollst es walten,

Dem Bruder stets verzieh.

Wer seinem Bruder zürnt,

Vor Gericht soll sich zeigen.

Wer achtet nicht die Würd',

Ew'gen Tod wird erleiden.

Vom sechsten Gebot (Mt 5,27-30; Mk 9,43-48)

Nicht ehebrechen sollst,

Oder andere begehrst.

In deinem Herzen wollst,

Das sei dir stets verwehrt.

Vom zweiten und achten Gebot (Mt 5,33-37; 23,16-22)
Vom Schwören

Nicht falsch dein Schwören sei,

Überhaupt nicht tuen sollst.

Dein Wort: ja, ja, nein, nein,

Gelte als sei's gewollt.

Vom Fasten (Mt 6,16-18)

Wenn jemand von euch fastet,
Dann mach er kein Gesicht.
Denn Gott darauf achtet,
Nur aus heiliger Sicht.

Denn er alleine schaut,
In's Verborgene hinein.
Wenn dein Herz vertraut,
Wird mit dir zufrieden sein.

Vom Richten (Mt 7,1-5; Mk 4,24 f; Lk 6,41 f)

Richtet nicht auf Erd'
Denn mit demselben Maß.
Ihr dann gerichtet werd'
Wie ihr selbst zugelaß'.

Den Balken zuerst bemerken,
Der steckt im eig'nen Aug'.
Den Splitter erst entfernen,
Dem anderen nichts taug'.

Von falschen und rechten Sorgen (Mt 6,19-34; Lk 12,22-23. 16,25-33)

Sammelt Schätze nicht auf Erden,
Von Motten und Rost gefressen.
Sondern einen Schatz gewähren,
Der im Herzen tief gesessen.

Gibt das Auge helles Licht,
Dann gesund ist euer Leib.
Wenn böse eure Sicht,
In Finsternis verbleib'.

Niemand kann zwei Herren dienen,
Den einen wird er hassen.
Sodann ihn auch verlassen,
Den anderen aber lieben.

Nicht ängstlich sorgt um's Leben,
Noch was ihr habt zu essen.
Gott hat es euch gegeben,
Niemals wird euch vergessen.

Zuerst sucht Gottes Reich,
Das andre wird gegeben.
Gerechtigkeit tut gleich,
Erhaltet ewiges Leben.

Vom Entweihen (Mt 7,6)

Gebt Heiliges nicht Hunden,

Werft Perlen nicht Schweinen vor.

Sie werden nie daran gesunden,

Noch jemals sind dafür gebor'.

Vom vertrauenden Beten (Mt 7,7-11; Mk 11,24; Lk 11,9-13)

Bittet, so wird euch gegeben,

Suchet, so werdet ihr finden.

Klopfet an, dann könnt eintreten,

Neues Leben dazu gewinnen.

Von der goldenen Regel (Mt 7,12; Lk 6,31)

Was du nicht willst,

Was man dir tu.

An Leiden fühlst,

Füg' keinem zu.

Vom rechten Weg (Mt 7,13-14; Lk 13,23-24)

Eng ist das Tor,

Der Weg sehr breit.

Geh' dorthin vor,

Dann bist befreit.

Auf dem Weg' nur bleibst,

Zum Tor nicht kommst.

Es niemals erreichst,

Ist alles umsonst.

Von falschen Propheten (Mt 7,15-23; Lk 6,43-46)

Hütet euch vor falschen Propheten,

Die in Schafskleider zu euch kommen.

Mit Worten laut, wie Trompeten,

Sich wie reißende Wölfe benommen.

An ihren Früchten erkennet,

Was ein Baum getragen.

Dann erst ihn benennet,

Ob gut oder schlecht sie waren.

Nicht alle die Herr, Herr sagen,

Werden ins Himmelreich kommen.

Wenn ihre Früchte werden erfahren,

Ob sie gehören zu den Frommen.

Unterwegs

Laßt uns heiter Wege gehen,
An keinem wie an Heimat hängen.
Auch wollen keine Fesseln sehen,
Stuf' um Stuf' sodann gelängen.

Bereit zu sein auf der Reise,
Nicht lähmend gewöhnen lassen.
Selbst Todesstunde wird zur Weise,
Den Ruf des Lebens zu- fassen.

Ich bin...

Ich bin Gottes Sohn Mt 27_{43}; Joh 10_{36}; Lk 22_{70}

Ich bin bei euch, alle Tage bis ans Ende der Welt Joh 28_{20}

Ich bin der Messias, der Sohn des Hochgelobten Mk 14_{32}

Ich bin das Brot des Lebens Joh 6_{35}

Ich bin das Licht der Welt Joh 8_{12}; 9_{5}

Ich bin ehe Abraham ward Joh 8_{58}

Ich bin die Tür zu den Schafen Joh $10_{7,9}$

Ich bin der gute Hirt Joh $10_{11,14}$

Ich bin die Auferstehung und das Leben Joh 11_{25}

Ich bin euer Meister und Herr Joh 13_{13}

Ich bin der Weg die Wahrheit und das Leben Joh 14_{6}

Im bin im Vater Joh 14_{10}; 11_{20}

Ich bin in euch Joh 14_{20}

Ich bin nicht allein, denn der Vater ist bei mir Joh 16_{32}

Ich bin ein König Joh 18_{37}

Ich bin König der Juden Joh 19_{21}

Ich bin das Alpha und das Omega Offb 1_{8}; 21_{6}; 22_{13}

Ich bin, der Herz und Nieren prüft Offb 2_{23}

Ich bin die Wurzel und der Stamm Davids,

der strahlende Morgenstern Offb 22_{16}

Jesu Leiden und Auferstehn
(Von der Urgemeinde ward gesehn)

Hinweis

Die ältesten Urkunden sind,
Über Jesus bei Markus find.
Berichte nach Jesu Tod, (um 30 bis 36)
Von seiner Leidensnot.

Gesammelt wurden und bekannt,
Von Christen schon genannt.
Im Gottesdienst die Spur,
Zuerst über sein Leiden nur.

Auch von dem letzten Abendmahl,
Gehalten im Jerusalemer Saal.
Schon Auferstehung ward genannt,
Im Anfang aufgeschrieben fand.
Um Gläubigen Hoffnung zu geben,
Für ein weiteres, ewiges Leben.

Jesu Leiden und Auferstehen Mk 14_1 - 16_8
(Von der Urgemeinde ward gesehen) (um 36)

'Zwei Tage vor Passa der Juden,

Den Herrn in Gewalt zu bringen.

Priester und Gelehrte suchen,

Mit List sie es beginnen.

'Jesus im Hause des Simon war,

Einer Frau konnte gelingen.

Zu Tische des Aussätzigen gar,

Sein Haar zu salben beginnen.

'Darüber die Jünger unwillig,

Weil hervorragende Öle war'n.

Sehr kostbar und nicht billig,

Für Verschwendung dieses sah'n.

'Der Herr das sogleich merkte,

Den Jüngern die Antwort gab.

Die Gesinnung der Frau stärkte,

Sie tut es für mein Grab.

'So lang Evangelien verkündet,

Sich erinnern wird daran.

Deshalb niemals es verhindert,

Was in Liebe stets getan.

'Der Zwölfen einer, Judas,

Zu Hohenpriestern ging hinaus.

Für Silberlinge tut das,

Um Jesus zu liefern aus.

'Am ersten Tag der Woche,
Mit seinen Jüngern wollt halten.
Fest der ungesäuerten Brote,
Und Passamahl gestalten.
'Zwei Jünger schickt zur Stadt,
Einen Mann mit Wasserkrug.
Dem dort begegnet ward,
Sagt, was der Meister tut.
'Einen Raum soll dort gestalten,
Im Obergeschoss dem Saal.
Um festliches Essen zu halten,
Beim letzten Abendmahl.
'Der Abend sank danieder,
Zu Tische alle war'n.
Einer verrät mich Brüder,
Traurig einander ansah'n.
'Dem zuerst den Kelch ich gebe,
Weh' dem, der dieses war.
Um ihn es ewig geschehe,
Verflucht seine Tat fürwahr.
'Danach gab Brot beim Mahle,
Die Jünger sprach er an:
Nehmt hin und esset alle,
Für euch hab' ich's getan.
'Denn wie man Brot zum Leben,
Nur so könnt ihr bestehen.

So hab ich alles gegeben,

Werdet nie zugrunde gehen.

'Den Kelch zum Trinken reicht,

Damit meint er sein Blut.

Wenn brüderlich ihr bleibt,

Seid in meiner Obhut.

'Vom Wein ich nicht mehr trinke,

In dieser uns'rer Zeit.

Zu Tode bald hinsinke,

Trink' hernach in Ewigkeit.

'Das Lobgebet gesungen,

Zum Ölberg unterwegs.

Voll Trauer ihn gefunden,

Verständnis fehlte stets.

'Zu Falle werden kommen,

Wenn Hirt und Schaf' geschlagen.

Auch alle meine "Frommen",

Bis zu drei dunklen Tagen.

'Nach meinem Aufersteh'n,

Petrus und die Seinen.

Werd' in Galiläa seh'n,

Das Leiden nicht vermeiden.

'Dem Petrus ward gesagt,

Wenn mich verleugnet hast.

Dein Herz sogleich verzagt,

Er meint es niemals macht.

'Zum Garten Getsemani kamen,

Petrus, Jakobus, Johannes bitt'.

Bleibt hier, tut etwas warten,

Meine Seel' ist tief betrübt.

'Wachet, betet immer wieder,

Den Kelch lass' geh'n vorüber.

Ging weiter, warf sich nieder,

Wenn möglich Vater, Lieber.

'Zurück zu den Jüngern wandt,

Zum dritten Mal er kam.

Sie alle schlafend fand,

Ihre Augen zugefallen war'n.

'Die Stunde ist gekommen,

Steht auf wir wollen geh'n.

Der Menschensohn genommen,

Es ist um ihn gescheh'n.

'Judas mit Soldaten kamen,

Ein Kuss war das Zeichen.

Gefangen ihn dann nahmen,

Die Jünger schnell entweichen.

'Nur einer das Schwert zieht,

Jesus zu sprechen begonnen.

Dem Diener das Ohr abhieb,

Wie gegen Räuber seid gekommen.

'Hab' Tag für Tag im Tempel gelehrt,
Alle Jünger nach dem Gescheh'n.
Keiner mir jemals dieses verwehrt,
Auf der Flucht waren zu seh'n.
'Ein junger Mann mit Leinentuch,
Packten diese mit grober Hand.
Weil bei Jesus zu bleiben such',
Nur nackt sich noch entwandt.
'Zum Hohenpriester Jesus hinführen,
Von weitem nur Petrus gefolgt.
Im Hofe das Feuer schüren,
Das Soldaten und Diener gewollt.
'Angeklagt durch falsche Zeugen,
Was Böses er je getan.
Konnten garnicht es beweisen,
Seine Unschuld alle sah'n.
'Hoherpriester fragt: Bist Gottes Sohn?
Der Priester zerriss sein Gewand.
Jesus darauf: Gewiss, bin ich schon,
Nun habe ich dich in der Hand.
'Schuldig bist du nun allemal,
Das Urteil für alle gefällt.
Deine Antwort Gotteslästerung war,
Des Todes zum Sterben gestellt.

'Die Diener spuckten ihn an,
Verhüllten sein Gesicht.
Ganz Böses hast du getan,
Spott und Hohn war ihr Gericht.
'Petrus im Hof ganz unten,
Bist beim Nazarener gewesen.
Eine Magd hat ihn gefunden,
Verleugnet, ihn nie hab' gesehen.
'Du bist doch Galiläer, spricht,
Fing an zu fluchen und schwor.
Lügt abermals, das bin ich nicht,
Bin nimmer dort gebor'.
'Ein Hahn zu krähen begann,
Das was der Herr gesagt.
Sich Petrus erinnern kann,
Ihm sogar prophezeiet hat.
'Ehe der Hahn kräht zweimal,
Wirst du mich verleugnen.
Geschehen ist es dreimal,
Fing bitterlich an zu weinen.
'In der Frühe der hohe Rat,
Den Entschluss alle fassen.
Zu verhandeln Jesu Tat,
Jesus zu Pilatus brachten.
'Fragt: Bist König der Juden, Gottessohn?
Das Urteil schreibt er nieder.

Jesus zur Antwort: Du sagst es schon,

Dann Jesus schweigt immer wieder.

'Zum Fest darf ein Gefangener frei,

Barabbas oder Jesus von beiden.

Die Menge mit lautem Geschrei,

Jesus den Tod muss erleiden.

'Barabbas soll kommen frei,

Kreuzige, kreuzige, kreuzige ihn.

Jesus es niemals sei,

Nur dieses haben im Sinn.

'Pilatus stellt fest: Er ist ohne Schuld,

Doch ihr könnt ihn euch nehmen.

So bleibt er in des Kaisers Huld,

Das Kreuz wird Jesus gegeben.

'Soldaten führen den Herrn zum Palast,

Flochten schmähend eine Dornenkron'.

Mit schmutzigem Purpurmantel umfasst,

Auf sein Haupt setzen voll Hohn.

'Heil König der Juden, sei gegrüsst,

Erraten mit ihm hämisch gespielt.

Spuckten dann ihm ins Gesicht,

Dabei niederkniend ihn geküsst.

'Nachdem diesen Spott getrieben,

Führen ihn zum Tor hinaus.

Eigene Kleider ihm geblieben,

Auf Schultern das Kreuz darauf.

'Ein Mann eben vom Felde kommt,
Simon, aus dem Orte Cyrene.
Dem lädt man das Kreuz auf, ungewollt,
Vater des Alex, Rufus seiner Söhne.
'Auf Golgota entkräftet angelangt,
Verspotten und geisseln sie ihn.
Warfen das Los als Unterpfand,
Seine Kleider verteilen sie hin.
'Wein, der mit Myrrhe gewürzt war,
Wohl um die dritte Stund.
Reichen Soldaten ihm dar,
Doch nahm nicht in den Mund.
'Eine Aufschrift und der Grund,
Darauf geschrieben stand.
Zu ersehen seine Schuld,
König der Juden, genannt.
'Leute davor, schütteln den Kopf,
Den Tempel wollst bauen in drei Tagen.
Bist doch ein elender Tropf,
Vom Kreuz versuch doch zu wagen.
'Von sechster bis neunter Stunde gar,
Finsternis, Nacht breitet sich aus.
Ein Schwamm mit Essig getränkt war,
Zu trinken fordern Jesus auf.
Sagt spöttisch lasst uns sehen,
Ob Elias kommt ihn abzunehmen.

'Zwei Räuber zur Seite sie hängen lassen,
Jesus Gebet brach auf wie ein Schrei.
Mein Gott, warum hast du mich verlassen,
Dann alles Leben und Wirken vorbei?
'Der Hauptmann ihm gegenüber stand,
Wahrhaftig dieser Mensch war Gottes Sohn.
Bezeugt und bekundet durch alle Land,
Ich erleb' es in meinen Tagen schon.
'Von weitem noch die Frauen schau'n,
Aus Galiläa gefolgt und umsorgt.
Doch diese stets auf Jesus bau'n,
Maria, Magdalena, Salome, ohn' Wort.
'Josef Arimathäa ein vornehmer Mann,
Von Pilatus Jesus Leichnam erbittet.
Als Ratsherr, Reich Gottes hoffen begann,
Vom Kreuz abnahm, in Leinen gewickelt.
'Pilatus selbst kaum glauben mag,
Als der Hauptmann ihm bestätigt.
Dass Jesus schon im Tode lag,
Für ihn war der Fall erledigt.
'Josef ihn legt mit dem Tuch ins Grab,
Das in Fels gehauen ward.
Davor wälzt einen grossen Stein,
Dass niemand kann ins Grab hinein.

'Die drei genannten Frau'n, o Klage, (10.4.30)

In aller Frühe gegangen zum Grabe.

Es war bereits der dritte Tag,

Da Jesus schon im Tode lag.

'Ein junger Mann in weiss Gewanden,

Den sie im innern Raum vorfanden.

Er zu ihnen spricht,

Erschrecket nicht.

'Ihr sucht Jesus von Nazaret,

Den ihr nichtmehr anwesend seht.

Die's ist die Stätt,

Wo er hingelegt.

'Auferstanden ist er an diesem Tag,

Den Jüngern gleich's verkünden mag.

So wie er euch vorausgesagt,

Nach Galiläa gehet unverzagt.

Deutung

So lautet die Botschaft und das Glauben,

Man kann aber auch noch anders schauen.

Denn zwei Wege führen von dem Tod,

Bei allen Menschen in ihrer Not.

Der eine sieht es als Verklärung,

Der and're kennt nicht die Bewährung.

Für diesen ist Lebensweg am Ende,

Es gibt für ihn gar keine Wende.

Die Meinungen wohl über tausend Jahren,

Verschieden beurteilt bei Menschenfragen.

Ein Ende in Nacht, wenn alles bricht,

Das andere wahrt das "ewige Licht".